HEFTE AUS TAIZÉ
11

Frère Richard

Gesegnet in unserer menschlichen Zerbrechlichkeit

Das Menschsein des Gottessohnes und wir Menschen nach der Versuchungsgeschichte

Was nicht angenommen wurde, wurde nicht geheilt,
aber was mit Gott vereint ist, wird auch gerettet.
Gregor von Nazianz

Jesus am Jordan, Jesus in der Wüste

In den Anfangskapiteln der Evangelien nach Matthäus, Markus und Lukas bilden zwei Abschnitte eine Art Diptychon. Dem Bericht des öffentlichen Wirkens Christi ist sozusagen sein Bild vorangestellt. Es lädt zur Betrachtung seiner Gestalt ein. Die eine Bildhälfte stellt Jesus in strahlendem Licht am Jordan dar; die andere zeigt ihn erschöpft und angefochten in der Wüste.

Die Erzählung von der Versuchung Jesu in der Wüste ist erstaunlich. Besonders ist sie zunächst dadurch, dass sie nicht auf Zeugenberichten beruhen kann. Aber sie ist außergewöhnlich vor allem durch ihre tiefe Einsicht in das Geheimnis Christi, des Sohnes Gottes. Sie ist ohne Zweifel einer der tiefgründigsten Texte über die Identität Jesu Christi.

Der herkömmliche Titel, „die Versuchung in der Wüste", lenkt die Aufmerksamkeit des Lesers auf das Problem der Versuchung. Es geht gewiss auch um Fragen wie: „Worin bestehen Versuchungen? Wie können sie vermieden, wie überwunden werden?" Aber sowohl für die Taufszene als auch für die Erzählung der Wüstenerfahrung Jesu entscheidend ist eine andere Frage, die Frage nach seiner Identität: wer ist dieser Jesus?

Die Geschichte von Jesus in der Wüste beginnt mit einem Satz, der fast Wort für Wort den unmittelbar vorausgehenden Bericht von der Taufe aufnimmt: „Dann wurde Jesus vom Geist in die Wüste geführt, um vom Teufel versucht zu werden“ (Matthäus 4, 1).

Das erste Wort „dann“ macht die Erfahrung Jesu in der Wüste zur unmittelbaren Fortsetzung seiner Taufe im Jordan. Dasselbe bekräftigt die Bemerkung: „Jesus wurde in die Wüste geführt“, wörtlich übersetzt: „hinaufgeführt“. Der Leser sieht Jesus aus dem Jordantal in das Hochland der judäischen Wüste hinaufziehen.

Doch vor allem verbindet die Gegenwart des Geistes die beiden Geschichten. Bei der Taufe kam der Heilige Geist wie eine Taube auf Jesus herab. Derselbe Geist führt ihn nun in die Wüste.

Dort wird die entscheidende Erfahrung Jesu bei seiner Taufe auf die Probe gestellt. Am Jordan ließ sich die Stimme aus dem Himmel, die Stimme Gottes, seines Vaters, vernehmen: „Das ist mein geliebter Sohn, an dem ich Gefallen gefunden habe“ (Matthäus 3, 17). Genau das, was diese Stimme über Jesus aussagt, wird in der Wüste zwei Mal angezweifelt: „Wenn du Gottes Sohn bist...“ (Matthäus 4, 3 und 5).

Die Taufe offenbart das lichtvolle Geheimnis Jesu. Er ist Gottes von Ewigkeit geliebter Sohn und Wohnstatt des Heiligen Geistes. Solche Gemeinschaft ist lauter Licht und Liebe. Ein alter syrischer Text sagt mit großer poetischer Schönheit, dass der Jordan bei der Taufe Jesu aus Liebe Feuer fing... Und dann unversehens nichts als Wüste, bedrückende Einsamkeit und Hunger. Keine Stimme kommt mehr vom Himmel. Jesus wird das

Wort Gottes nur noch durch die auswendig gelernten Bibelverse hören. Der Gegensatz ist ergreifend.

Die Taufe offenbarte Jesus als den geliebten Sohn Gottes. Doch er ist auch ein Menschenkind, der „Menschensohn", wie er gern selbst von sich sagt. Die Geschichte von Jesus in der Wüste zeigt das Menschsein Jesu, des Sohnes Gottes. Die Geschichte seiner Taufe könnte glauben machen, Jesus, der vom Heiligen Geist erfüllte Gottessohn, stehe souverän über den Problemen des menschlichen Daseins. Da bei der Taufe der Himmel über ihm aufging, wird er da nicht ständig „unter offenem Himmel" leben und mit göttlicher, souveräner Freiheit über die Erde schreiten?

Der Heilige Geist, welcher bei der Taufe auf Jesus herabkam, hört nicht auf, auf ihm zu ruhen, aber seine Anwesenheit öffnet ihm den Himmel nicht mehr. Er hebt die Grenzen seines Menschseins nicht auf. Er führt ihn in die Wüste, dahin, wo die menschliche Zerbrechlichkeit unbarmherzig zum Vorschein kommt.

Angefochten vom Verleumder

Der Geist führt Jesus in die Wüste, der Teufel fordert ihn heraus. Das Wirken des Geistes entspricht dem Plan Gottes: Gott offenbarte seinen Sohn Jesus in der hellen Freude seiner Liebe, er will ihn auch in seiner menschlichen Schwäche zeigen. Doch die Versuchung selbst kommt nicht von Gott, sie ist Sache des Teufels. Der Heilige Geist kann in die unwirtliche und gefährliche Wüste führen. Aber er versucht niemals.

Hier ist ein Klärung der Begriffe an der Zeit. Das Wort „Versuchung" ist uns zwar vertraut, wir brauchen es zum Beispiel im Vaterunser. Aber es ist ein schillernder Begriff. Ist die Versuchung die lockende Kraft des Bösen? Wenn gute Sachen einen locken – eine Nascherei, ein schönes Konzert, ein Abend unter Freunden –, handelt es sich dann auch um Versuchungen? Wie wird das Wort in der Bibel gebraucht?

„Versuchung" kommt von einem Verb, welches die deutschen Bibeln mit „versuchen", „prüfen" oder „erproben" wiedergeben. Die Erfahrung des Volkes Israel in der Wüste war eine solche „Prüfung": „Du sollst an den ganzen Weg denken, den der Herr, dein Gott, dich während dieser vierzig Jahre in der Wüste geführt hat, um dich demütig zu machen und dich zu prüfen [oder: zu versuchen] und um zu erkennen, was in deinem Herzen ist" (Deuteronomium 8, 2). In der Wüste fallen die Masken, Tun-als-ob geht nicht mehr, das im Herzen Verborgene kommt ans Licht. Die vierzig Jahre in der Wüste waren für Israel eine Stunde der Wahrheit.

In den älteren Teilen der Bibel prüft Gott selbst, wie im zitierten Abschnitt aus dem Deuteronomium. Später, zum Beispiel im Buch Ijob, übernimmt es ein anderer, der Satan, auf Hebräisch *ha-satan*. Damit bekommt die Prüfung ein anderes Vorzeichen. Der Aufenthalt Israels in der Wüste war zwar eine schmerzliche Probe, aber Gott erprobte sein Volk ohne feindliche Absicht und mit der festen Hoffnung auf einen guten Ausgang. Den Gerechten Ijob hingegen prüft der Satan mit böswilliger Absicht. Damit wird die Prüfung maßlos und gleichbedeutend mit unendlichem Leiden.

Ursprünglich ist *ha-satan* kein Eigenname, sondern bedeutet den Gegner, insbesondere den Prozessgegner. Die griechische Fassung des Alten Testaments gibt *ha-satan* mit *ho diabolos* wider, dem Wort, das verformt zum deutschen Wort Teufel geworden ist und auch kein Eigenname ist. Es gehört zu einem Verb, das „hinterbringen" bedeutet, der *diabolos* ist ein böswilliger Petzer und Verleumder.[1]

Im Buch Ijob verursacht *ha-satan* die unerträglichen Prüfungen Ijobs, nachdem er ihn vor Gott verleumdet hatte. Mit einem grausamen Test versucht er seinen böswilligen Verdacht zu erhärten. Er will die Frömmigkeit Ijob als oberflächlich und interessiert entlarven. Aber er wird ins Unrecht gesetzt. Und Gott hat recht, auf seinen Diener Ijob stolz zu sein. Und vom verleumderischen Satan ist am Ende nicht einmal mehr die Rede.

Was Jesus in der Wüste erlebte, erinnert sowohl an die Prüfungen Israels als auch an Ijob. Die vierzig Tage Jesu in der Wüste des judäischen Hochlandes entsprechen den vierzig Jahren Israels in der Wüste Sinai. Wie Israel ist Jesus bedürftig und hat Hunger. Aber die Tatsache, dass der Teufel ihn auf die Probe stellt, verbindet Jesus mit Ijob. Wie in Ijobs Geschichte hat die Prüfung eine feindliche Absicht. Jesus ist der böswilligen Herausforderung des Verleumders in der Wüste schutzlos ausgesetzt.

---

[1] Man liest manchmal, *diabolos* bedeute Trenner, Auseinanderreisser. Das ist nicht falsch, insofern die Verleumdung Trennung bewirkt. Wo jedoch im Neuen Testament *diabolos* auf Menschen angewandt wird, handelt es sich eindeutig um Verleumdung (1 Timotheus 3, 11 und Titus 2, 3).

Vertrauen

„Und als er vierzig Tage und vierzig Nächte gefastet hatte, bekam er Hunger“ (Matthäus 4, 2). Heutzutage fastet man aus verschiedenen Gründen: um sich besser zu fühlen, um seine Triebe beherrschen zu lernen… Jesus fastete, weil es in der Wüste nichts zu essen gab. Der Hunger Jesus bringt sein wahres Menschsein ans Licht: wie jeder Mensch lebt er nicht aus sich selbst. Er ist nicht seine eigene Quelle.

Aber gilt das auch für Jesus? Ist er nicht der Sohn Gottes? Und hat ein Sohn Gottes nicht „das Leben in sich selber“, wie Jesus sagen wird (Johannes 5, 26)? Ist er wirklich Sohn Gottes, kann er dann solchen Hunger haben? Sein Hunger und seine Erschöpfung stellen seine Identität als Sohn Gottes in Frage.

Der Teufel gibt sich als sympathischen Prüfer aus, er hilft dem Prüfling auf die Spur. Er schlägt Jesus vor, ein paar der zahlreichen in der Wüste herumliegen Steine in Brot zu verwandeln. Zugegebenermaßen eine elegante Lösung: Jesus selbst hätte nicht mehr Hunger und zudem hätte er das Problem des Welthungers gelöst. Er hätte die Prüfung mit Bravour bestanden, und seine Gottessohnschaft könnte gebührend anerkannt werden.

Die Antwort Jesu in dieser ersten Prüfungsrunde fällt eher kläglich aus. Sie beweist nichts. Sein Wort verwandelt keinen einzigen Stein, er spricht kein Zauberwort aus, nichts als einen Bibelvers, und erst noch einen allbekannten. „Es steht geschrieben: Der Mensch lebt nicht vom Brot allein, sondern von jedem Wort, das aus Gottes Mund kommt“ (Deuteronomium 8, 3 und Matthäus 4, 4).

Jesus akzeptiert seinen Hunger. Er willigt in seine Begrenztheit ein. Wie jeder Mensch muss er von etwas leben, ist er nicht seine eigene Quelle. Mangel und Hunger sind für ihn keine Ideale, aber sie gehören schlicht und einfach zu seinem Menschsein.

Stellen wir uns für einen Augenblick vor, Jesus gehe auf den ihm gemachten Vorschlag ein und ernähre sich von Steinen. Damit würde er über eine unbegrenzte Autonomie verfügen. Ganz souverän wäre er auf nichts und niemand angewiesen. Doch auch als Sohn Gottes lebt Jesus nicht aus eigener Kraft, sondern vom Vertrauen auf Gott. Sein Hunger hat denselben tiefen Sinn wie der Hunger des Volkes Israel in der Wüste. Er ist Symbol der schlechthinnigen Abhängigkeit des Menschen, ein Zeichen dafür, dass jedes Geschöpf aus Gott lebt und durch sein Wort existiert.

Der Teufel schlägt Jesus vor, durch sein Wort Steine in Brot zu verwandeln: „*Sprich*, dass diese Steine Brot werden.“ Das ist eine Anspielung auf Gottes Schöpferwort. Wie die Folge zeigt, kennt der Teufel seine Bibel. Er weiß, dass es von Gott heißt: „Wenn er spricht, so geschieht's; wenn er gebietet, so steht's da“ (Psalm 33, 9). Sollte das nicht auch für den Sohn Gottes gelten? Aber Jesus spielt nicht den Gott Ebenbürtigen. Auf die Probe gestellt, spricht er kein göttliches Schöpferwort, nur einen in Israel jedem Kind bekannten Bibelvers.

Jesus holt sich in dieser ersten Prüfung anscheinend keinen Ruhm. Es bleibt den Beweis seiner Gottessohnschaft schuldig. Aber paradoxerweise ist das auf den ersten Blick unbefriedigende Ergebnis der Prüfung sehr aufschlussreich. Es bringt ans Licht, was im tiefsten Herzen Jesu ist, sein schlichtes Vertrauen. Nach den Kriterien des Prüfers gehört es sich für einem Sohn Gottes nicht, hungrig und bedürftig zu sein. Für Jesus hingegen ist es kein Widerspruch, in seiner Armut und menschlichen Zerbrechlichkeit Gottes geliebter Sohn zu sein.

Diese erste Erprobung der Identität Jesu zeigt, was die vollkommene Liebesgemeinschaft zwischen ihm und seinem Vater ist. Sie macht aus ihm keinen Halbgott, der über den Härten des Lebens stehen würde. Er ist ein Armer, der von einem Wort aus dem Mund Gottes lebt: „Das ist mein geliebter Sohn, an dem ich Gefallen gefunden habe." Er hat Hunger und leidet, und ist doch von Gott geliebt und vom Heiligen Geist bewohnt.

Demütig den Weg gehen mit Gott

„Darauf nahm ihn der Teufel mit sich in die heilige Stadt und stellte ihn auf die Zinne des Tempels" (Matthäus 4, 5). Dieser fantastische Rahmenwechsel des Geschehens legt nahe, die Geschichte als eine Art visionäre Erfahrung zu lesen. Jesus befindet sich konkret noch immer in der Wüste Juda, aber in einer Vision wird er auf das Dach des Tempels von Jerusalem versetzt.

„Wenn du Gottes Sohn bist, so wirf dich hinab!" (Matthäus 4, 6). Aber warum sollte sich Jesus von der Höhe des Tempels stürzen? Es handelt sich um eine weitere Einladung zu beweisen, dass er der Sohn Gottes ist.

Kann Jesus Sohn Gottes sein, wenn er über keine außergewöhnliche Macht verfügt, wenn er wie jedermann an die Grenzen des menschlichen Daseins gebunden ist?

Bei der ersten Prüfung warf der Verleumder die Frage auf, ob ein Sohn Gottes die Quelle des Lebens nicht in selbst haben müsste. Jetzt hakt er nach: wäre Jesus wirklich Sohn Gottes, müsste er doch unsterblich sein. Und er lädt Jesus ein, sich in die Leere zu stürzen, damit seine Unverwundbarkeit und Unsterblichkeit zum Vorschein kommen. Ein solcher Sprung würde Jesus endgültig über jeden Verdacht in Bezug auf seine Gottessohnschaft erheben.

Der Teufel gibt sich nicht nur als Prüfer, sondern auch als Berater. Er zitiert die heiligen Schriften: „Denn es steht geschrieben: Er wird seinen Engeln deinetwegen Befehl geben; und sie werden dich auf den Händen tragen, damit dein Fuß nicht an einen Stein stößt“ (Psalm 91, 11-12 und Matthäus 4, 6). Wenn schon jeder, der sich auf Gott verlässt, seines Schutzes sicher sein kann, wie viel mehr erst sein geliebter Sohn! Jetzt ist Gelegenheit zu vertrauen.

Das Argument des Teufels ist plausibel – es stammt ja aus der heiligen Schrift. Aber es ist in Wirklichkeit heimtückisch und voller Spott: „Was für ein erbärmlicher Sohn Gottes bist du mit deiner Angst vor dem Tod!“

Auch in dieser zweiten Prüfung holt sich Jesus keinen Ruhm. Es ist kein Held. Er sprang nicht. Beschämt bleibt er auf der Tempelzinne stehen. Man hört fast, wie der Teufel und alle Verleumder mit ihm Hohn lachen: „Du armseliger Gottessohn!“ Aber Jesus rückt nicht von der Stelle, argumentiert nicht und zitiert einen einzigen Vers: „Wiederum steht geschrieben: Du sollst den Herrn, deinen Gott, nicht auf die Probe stellen“ (Deuteronomium 6, 16 und Matthäus 4, 7).

Jesus wollte allein von Vertrauen auf Gott leben, obwohl er Hunger litt. Warum vertraut er denn jetzt nicht, wie das Psalmwort ihm nahelegt? Es gibt Vertrauen und Vertrauen. Die erste Prüfung zeigte, wie Jesus seinem Vater schlicht und einfach vertraut. Von nichts anderem will er leben als von seinem Wort. Diese zweite Prüfung klärt, worum es beim Vertrauen geht; sie zeigt, was Vertrauen gewiss nicht sein kann.

Gott vertrauen heißt nicht, ihn zum Lückenbüßer zu machen. Jesus bestreitet, dass Gott für das einspringen muss, wozu der Mensch nicht fähig ist. Wenn ein Mensch in die Tiefe springen will, muss er Vorkehrungen treffen, sich einen Fallschirm beschaffen. Jesus weigert sich, Gott zu benutzen, um seine menschliche Begrenztheit zu überspielen.

Mit seiner Weigerung zu springen sagt Jesus uneingeschränkt Ja zu dem, was er ist. Er ist ein Mensch, ein Geschöpf, und damit sterblich. Die Verleumder und Böswilligen sehen damit ihren Verdacht bestätigt, dass Jesus nicht wirklich Gottes Sohn ist. Aber in Wirklichkeit ist diese zweite Prüfung wiederum ein Augenblick der Offenbarung und ergreifender Wahrheit: Jesus ist zugleich der geliebte Sohn Gottes und ein sterbliches Geschöpf.

Das Evangelium zeigt, dass in Jesus vereint ist, was unvereinbar scheint. Geliebter Sohn Gottes und sterbliches Geschöpf in einem: eine solche Doppelnatur ist schwer vorstellbar. Aber das Evangelium will gar nicht, dass wir uns etwas vorstellen, sondern dass wir genau hinschauen auf das, was es uns zeigt. Jesus ist Sohn Gottes, und demütig vertraut er. Sein Vertrauen offenbart das Geheimnis seiner Person.

Im Vertrauen Jesu ist keine Spur von forderndem Anspruch, es ist ganz schlicht. Jesus versucht nicht, Gott zum Eingreifen zu seinen Gunsten zu zwingen, damit er gefahrlos ins Leere springen kann. Er ist Sohn Gottes, doch er „geht demütig seinen Weg mit Gott" (Micha 6, 8). Genau das ist es, was nach dem Propheten Gott von jedem Mensch erwartet.

Sollte die Tatsache, dass er Gottes Sohn ist, Jesus nicht Vorrechte und sogar eine gewisse Macht über Gott verschaffen? Jesus will nichts davon wissen. Demütig vertraut er, obwohl ihm dieses Vertrauen anscheinend nichts hilft, ihm keinen Nutzen bringt.

Ein so schlichtes Vertrauen hat Konsequenzen. Es demütigte Jesus vor dem Teufel, es wird ihn wiederum demütigen bei der leidvollen Prüfung am Kreuz. Im Evangelium nach Matthäus kommt der Satz: „Wenn du Gottes Sohn bist" Wort für Wort noch einmal vor. Die Schaulustigen, die am Kreuz Jesu vorbeigehen, schütteln den Kopf und sagen: „Wenn du Gottes Sohn bist, hilf dir selbst, und steig herab vom Kreuz!" (Matthäus 27, 40). Für sie ist es unvorstellbar, dass ein Sohn Gottes so kläglich stirbt. Für Jesus ist es die letzte Gelegenheit zu beweisen, dass er der Sohn Gottes ist. Er tut es nicht.

Warten mit Geduld

In der biblischen Tradition ist der Sohn Gottes auch „der König von Israel“ (Johannes 1, 49) und Messias, dazu bestimmt, „Fürst über die Könige der Erde“ (Offenbarung 1, 5) zu werden. Von den Toten auferstanden, wird Jesus diese Erwartung bestätigen. Er wird seine Jünger auf einen Berg in Galiläa bestellen und zu ihnen sprechen: „Mir ist alle Macht gegeben im Himmel und auf Erden“ (Matthäus 28, 18).

Wenn nun – noch immer in einer Art visionären Reise – der Teufel Jesus „auf einem sehr hohen Berg“ mitnimmt und ihm „alle Königreiche der Erde und ihre Herrlichkeit“ zeigt (Matthäus 4, 8), geht es also noch einmal um die Erprobung seiner Gottessohnschaft. Wie könnte Jesus, ohne über „die Königreiche der Erde“ zu verfügen, wahrhaftig der Messias und König der Nationen sein?

Dieses Mal zieht der Teufel nicht in Zweifel, dass Jesus der Sohn Gottes ist. Er gibt es zu. Aber er gibt auch zu verstehen, dass es sich dabei nur um leere Worte handelt, wenn Jesus nicht über wirkliche weltweite Macht verfügt. Dann bietet er ihm eine Lösung an, um sich vor aller Augen als Sohn Gottes und Herrscher zu erweisen.

„Dies alles werde ich dir geben, wenn du dich niederwirfst und mich anbetest“ (Matthäus 4, 9). Jesus müht sich in der Wüste ab. Er weiß wohl, dass es ihn noch viel Mühe kosten wird, „demütig seinen Weg zu gehen mit Gott“. Der Vorschlag ist anziehend. Wozu sollte er sich bis zur Erschöpfung abmühen? Ist der Weg der Demut und Geduld wirklich der einzige Weg zur Herrlichkeit des Messias?

Der Teufel meint, dem sei nicht so und Jesus könne sich sofort als Messias offenbaren, ohne Warten und ohne Mühe ans Ziel kommen. Wenn er es nur wolle. Damit bestreitet er in Wirklichkeit ein drittes Mal, dass das Wesen des Sohnes Gottes mit menschlicher Begrenztheit vereinbar ist. Dieses Mal geht es um die Zeit: Wie passt es zu einem Sohn Gottes, warten zu müssen?

In Gedanken und Vorstellung kann ein Mensch sich über die Zeit erheben und seinen inneren Blick über Vergangenheit, Gegenwart und Zukunft schweifen lassen. Aber leben kann er nur in der Gegenwart. Er kann in Gedanken die Zukunft vorwegnehmen, aber als Mensch aus Fleisch und Blut kann er den Zeitablauf nicht überspringen. Die Zeitlichkeit ist vielleicht die radikalste Begrenztheit der Geschöpfe.

Was der Teufel sagt, läuft also auf den Vorschlag hinaus, die Zeitlichkeit loszuwerden. Jesus müsste nicht mehr warten, kennte keine Ungewissheit mehr, bräuchte sich nie mehr zu gedulden. Wenn ihm doch auf jeden Fall „alle Macht gegeben im Himmel und auf Erden" (Matthäus 28, 18) gegeben werden soll, warum nicht jetzt? Wozu warten, wagen und leiden? Noch einmal geht es um die Frage, was es bedeutet, der Sohn Gottes zu sein. Ist es möglich, Gottes Sohn zu sein und zugleich geduldig und durch Leiden hindurch Gottes Sohn zu werden?

Es ist grundsätzlich unmöglich, solche Fragen zu beantworten, solange wir als Maßstab unsere vorgefassten Vorstellungen anlegen von dem, was ein Sohn Gottes sein sollte. Doch das Evangelium zeigt uns keinen erdachten und vorgestellten Sohn Gottes, sondern den konkreten Sohn Gottes, der ein irdisches Leben lebte. Der Gottessohn aus Nazareth wurde geboren und wuchs heran. Er wurde durch sein Leben, seinen Tod und seine Auferstehung vollkommen zu dem, der er ist. Mit viel Geduld „ging er in seine Herrlichkeit ein“ (Lukas 24, 26).

Sofort das Ziel erreichen: warum käme das für Jesus der Anbetung des Teufels gleich? Weil er auf diese Weise die Grundgüte der Schöpfung, und letztlich damit Gott selbst, verleugnen würde. Denn jedes Geschöpf hat einen Anfang und eine Entwicklung, ein zeitliches Werden. Wir wissen heute, dass das nicht nur für Pflanzen und Tiere, sondern auch für die unbelebte Welt und das ganze Universum gilt. Alles Geschaffene verwirklicht sein Wesen in der Zeit.

Mit diesem Jesus gemachten Vorschlag, unverzüglich ans Ziel zu kommen, fällt die Maske des Teufels. Er will an Gottes Statt angebetet werden. Er gibt vor, Jesus zu helfen, Messias zu werden und damit seine Gottessohnschaft zu beweisen. Doch indem er menschliche Geduld und zeitliches Reifen schlecht redet, verleumdet er schlicht und einfach Gott und die Güte seiner Schöpfung.

Am-Werden-Sein weist nach dem Verleumder auf einen Mangel am Sohn Gottes. Er behauptet, dass es eines Sohnes Gottes unwürdig sei, sein Wesen mit Geduld, und zudem durch so großes Leiden hindurch, zu verwirklichen. Der Gedanke, dass ein Sohn Gottes über der Zeit stehen müsste, hat etwas für sich. Aber für Jesus ist die Gottessohnschaft nicht unvereinbar mit seiner an die Zeit gebundenen Geschöpflichkeit.

Ein drittes Mal zitiert er die Bibel: „Vor dem Herrn, deinem Gott, sollst du dich niederwerfen und ihm allein dienen" (Matthäus 4, 10). Gott anbeten heißt Gott von ganzem Herzen Ja sagen, und Ja sagen zu seinem Werk, zu seiner Schöpfung. Jesus weigert sich, das Menschsein zu fliehen. Er ist durch sein Menschsein mit Gott in der Anbetung vereint.

Auch dieses dritte Mal erntet Jesus in der Prüfung keinen Ruhm. Immer noch beweist nichts, dass er Gottes Sohn ist. Er löste das Problem des Hungers nicht. Er gab keinen Beweis der Unsterblichkeit durch einen kühnen Sprung vom Tempel. Er wurde nicht König, sondern blieb ein Armer.

Jesus: arm und schwach, geliebt und gesegnet

„Weg mit dir, Satan!" (Matthäus 4, 10). Zum Schluss schickt Jesus den Verleumder entschieden weg. „Darauf ließ der Teufel von ihm ab" (Matthäus 4, 11). Das Evangelium nach Lukas fügt hinzu: „bis zu gelegener Zeit" (Lukas 4, 13). Diese Angabe weist auf die Passion. Damit verbindet Lukas die Prüfung Jesu in der Wüste mit seiner leidvollen Prüfung am Kreuz. Am Kreuz wird sich Jesus nicht nur einem, sondern einer ganzen Menge Verleumder gegenüber finden, die spöttisch seine Gottessohnschaft in Zweifel ziehen werden. Der Teufel ist kein isolierbares Individuum, sondern Geist der Verleumdung.

Es bringt nichts zu beurteilen, ob Jesus die Prüfung bestanden hat oder nicht. Entscheidend ist, dass er den Ausweg fand. Eine Versuchung oder Prüfung überwinden ist ohnehin nicht Sprache der Bibel. Man erträgt die Versuchung und findet den Ausweg (1. Korinther 10, 13). Jesus ertrug die Prüfung, indem er an seiner Einheit mit Gott festhielt. Er ließ sich von der Finsternis nicht zureden. Er ist sich seiner Bedürftigkeit und Armut bewusst. Aber er weist die Argumente ab, die seine menschliche Zerbrechlichkeit zum Vorwand nehmen, um seine Gottessohnschaft in Zweifel zu ziehen.

„Und es kamen Engel und dienten ihm" (Matthäus 4, 11). Der Geist Gottes hatte Jesus in die Wüste geführt. Und doch schien Gott während all den Prüfungen abwesend zu sein, als hätte er sich zurückgezogen. Das ändert sich jetzt mit dem Kommen der Engel, der Diener Gottes, die sich in den Dienst Jesu stellen. Es ist immer noch ein zerbrechlicher Mensch allein in der Wüste. Aber die Gegenwart der Engel bestätigt, dass Jesus in seiner menschlichen Zerbrechlichkeit sehr wohl der geliebte und gesegnete Sohn Gottes ist.

Warum musste Jesus durch diese Prüfung gehen? Die Prüfung ist eine Stunde der Wahrheit, sie dient dazu, „zu erkennen, was im Herzen ist", wie das Buch Deuteronomium sagt. Aber Gott kennt ja seinen Sohn, wozu denn diese Erprobung?

Jesus ist Mensch und Geschöpf, und demzufolge wächst und entwickelt er sich. Er „nahm zu an Weisheit, Alter und Gnade" (Lukas 2, 52). Seine Taufe und die vierzig Tage in der Wüste waren ein entscheidender Schritt in seinem Menschenleben. In diesem Lebensabschnitt musste sich seine Einheit mit Gott auf neue Weise bewähren. Die Prüfung war nicht gespielt.

Die Engel übermitteln Jesus die Anerkennung Gottes. In den Augen des Teufels und aller Verleumder steht Jesus kläglich da. Gott aber findet an ihm Gefallen. Nicht nur bei der Taufe, sondern in jedem Augenblick seines Lebens, bei jedem Schritt, mit welchem Jesus durch sein menschliches Werden sein tiefstes Wesen verwirklicht.

„Er ist in allem wie wir in Versuchung geführt worden, hat aber nicht gesündigt" (Hebräer 4, 15). Auf die Probe gestellt, sagte der Sohn Gottes uneingeschränkt Ja, Ja zu Gott und Ja zu seiner eigenen Geschöpflichkeit. Er vertraute, blieb demütig und geduldig. Diese Haltungen gehören gewiss zu seiner menschlichen Zerbrechlichkeit. Mit seiner Eigenschaft als Sohn Gottes unvereinbar sind aber nicht Zerbrechlichkeit und Bedürftigkeit. Unvereinbar wäre nur, nicht von der Liebe Gottes zu leben, nicht seinem Wort zu glauben: „Das ist mein geliebter Sohn, an dem ich Gefallen gefunden habe."

Was mit Gott vereint ist, wird auch gerettet

Die Frage: „Wozu diese Prüfungen Jesu in der Wüste?" steht auf einer Linie mit der Frage: „Warum musste

Jesus im Jordan getauft werden?“ Warum muss der Heilige Geist noch auf ihn herabkommen, wenn er der durch den Heiligen Geist empfangene Sohn Gottes ist? Manchmal wurde die Taufe Jesu als eine Berufungserfahrung gedeutet. Das seit seiner Kindheit implizite Wissen um seine Gottessohnschaft und Sendung sei im Augenblick der Taufe zu klarem Bewusstsein geworden.

Aber die Berichte von seiner Taufe gleichen den Berufungsgeschichten kaum. Sie legen eher nahe, dass die Taufe Jesu unseretwegen statt fand. Der Bericht des Matthäus ist in dieser Hinsicht besonders deutlich: die Stimme aus dem Himmel richtet sich mehr an die Zeugen der Taufe als an Jesus selbst. Sie sagt: „Dies ist mein geliebter Sohn“, und nicht: „Du bist mein geliebter Sohn“.

Deshalb spricht die Tradition des christlichen Ostens bei der Taufe Jesu von einer „Theophanie“ (d.h. Offenbarung Gottes) und betont, dass sich dabei die ganze Heilige Dreifaltigkeit offenbart: der Vater durch die Stimme vom Himmel, der Heilige Geist in Form einer Taube, und Jesus als geliebter Sohn. Die Taufe Jesu offenbart Gott und zeigt, dass der Heilige Geist für immer im Menschen Wohnung nimmt.

Die Geschichte von Jesus in der Wüste setzt diese Offenbarung fort. Sie gibt uns das unerhörte Privileg, „zu erkennen, was seinem Herzen ist“. Die Taufe offenbart, dass der Heilige Geist für immer in einem Menschen Wohnung nehmen kann. Die Erprobung in der Wüste zeigt, wie Jesus unser Menschsein teilt. Durch seine Prüfungen machte er sich unsere Lebenswirklichkeit zu eigen, damit unsere ganze Existenz Sinn und Heilung finden kann. Für uns ging Jesus durch die Prüfung in der Wüste und blieb, wiewohl schwach wie wir, vereint mit Gott. So macht er uns möglich, unser Menschsein zu lieben.

Von Gregor von Nazianz, einem christlichen Denker und Bischof des 4. Jahrhunderts, haben wir den bemerkenswerten Satz: „Was nicht angenommen wurde, wurde nicht geheilt, aber was mit Gott vereint ist, wird auch gerettet."[2] Gregor griff damit in eine Kontroverse ein, in welcher die Menschheit des Sohnes Gottes auf dem Spiel stand. Um die Vollkommenheit Jesu Christi, des Sohnes Gottes, hervorzuheben, gestand ihm Apollinarius, ein Bischof von Laodizäa in Syrien, einen Leib und eine menschliche Seele zu, schloss aber eine menschliche Fähigkeit zur Selbstbestimmung aus. Die Entscheidungen, die Christus traf, bestimmte nach Apollinarius anstelle eines menschlichen Geistes der göttliche Geist.

Apollinarius war gelehrter Exeget und brillanter Denker, und sein Verständnis Christi war auf den ersten Blick sehr einleuchtend. Aber Gregor verstand, was auf dem Spiel stand. Wenn Christus keine menschliche Fähigkeit hat, Entscheidungen zu treffen, dann bleibt unsere menschliche Freiheit außerhalb der Gemeinschaft mit Gott, sich selbst überlassen, in sich selbst verfangen und ungeheilt. Genau das sagt die Erzählung von den Prüfungen Jesu in der Wüste in einer weniger begrifflichen, doch nicht weniger prägnanten Sprache. Jesus hatte als Mensch die Fähigkeit, und damit die Pflicht, Entscheidungen zu treffen.

---

[2] Brief 101, 32

Eine ähnliche Diskussion flammte im 7. Jahrhundert im Zusammenhang mit dem so genannten Monothelismus wieder auf. Strittig war, ob Christus über einen einzigen gottmenschlichen Willen verfüge (das Wort „Monothelismus“ kommt von „ein Wille“), oder ob der Sohn Gottes auch einen mit uns Menschen gemeinsamen Willen habe. Es kann hier nicht um Einzelheiten gehen. Die Bemerkung soll genügen, dass der Monothelismus anziehend war, weil er erlaubte zu betonen, dass es in Jesus weder Widerspruch noch Sünde gab.

Ein Mönch, Maximus der Bekenner, erkannte, wie ernsthaft die Frage war. Zu seinen Lebzeiten war er mit seiner Verteidigung des menschlichen Willens Christi sehr einsam, und er starb infolge der Misshandlungen und des Exils, welche er um des Glaubens willen erlitt – daher sein Name „der Bekenner“. 19 Jahre nach seinem Tod aber anerkannte das Dritte Konzil von Konstantinopel im Jahr 681 die Richtigkeit seiner Position.

Das Menschsein des Sohnes Gottes und wir Menschen

Die Erzählung von den Prüfungen Jesu in der Wüste versichert uns, dass der Sohn Gottes alles angenommen hat, was wir sind, um unser ganzes Wesen zu heilen. Sie gibt uns Einblick in die Tiefe des Herzens Jesu, in das Menschsein des Sohnes Gottes. Damit offenbart sie uns auch unser eigenes Menschsein, das Menschsein, welches zu retten Jesus kam, welches wir jetzt ganz und gar annehmen können, da wir wissen, dass es geheilt werden kann.

Was für ihn gilt, gilt für uns. Wir sind mit Christus getauft, jeder und jede von uns ist geliebtes Kind, an dem Gott Gefallen findet. Zusammen mit Christus sind wir in der Stunde der Prüfung schwach. Unsere Gemeinschaft mit Gott, mit Christus und dem Heiligen Geist entzieht uns unserem Menschsein nicht. Wenn Jesus, Gottes geliebter Sohn und Wohnstatt des Heiligen Geistes, in der Wüste Hunger hatte und kläglich da stand, brauchen wir uns unserer eigenen Schwäche nicht zu schämen. Außer wir meinten, wir müssten fähiger sein als er.

Der Heilige Geist versichert uns der Liebe Gottes. Hunger und Durst und Unbefriedigtsein sind keine Anzeichen für seine Abwesenheit. Der Heilige Geist selbst kann, wie er es mit Jesus tat, uns in die Wüste führen. Seine Gegenwart ist mit einem Gefühl der Leere nicht unvereinbar.

Manchmal fordert der Ankläger uns heraus wie Jesus. „Wenn du Gottes geliebtes Kind bist, wie kannst du so verwirrt und hilflos da stehen? Was für ein erbärmliches Kind Gottes bist du!“ Diese heimtückische Stimme kann aus unserem eigenen Herzen oder von unserer Umgebung kommen.

Dann wird das Wort des Evangeliums ein befreiendes Wort. Wir brauchen nicht zu tun als ob, brauchen niemandem etwas vorzumachen. Dem Teufel gegenüber hatte es Jesus nicht nötig, den Starken zu spielen. Von uns erwartet Gott nicht, dass wir souverän über allen Problemen stehen. Es genügt, dass wir auf den Spuren

Christi bleiben. Er bestand die Prüfung nicht mit glänzenden Antworten, sondern fand den Ausweg mit Hilfe von drei geringen Bibelversen.

„Der Mensch lebt nicht vom Brot allein, sondern von jedem Wort, das aus Gottes Mund kommt." Mit diesen Worten drückt Jesus sein Vertrauen aus. Wie ihn dann der Teufel darauf hinweist, dass sein Vertrauen recht armselig ist, wenn er nicht wagt, sich in die Hände der Engel zu werfen, bekräftigt Jesus seine Demut: „Du sollst den Herrn, deinen Gott, nicht auf die Probe stellen." Und schließlich willigt er in Geduld, Warten auf Gott und Anbetung Gottes ein: „Vor dem Herrn, deinem Gott, sollst du dich niederwerfen und ihm allein dienen."

„Er musste in allem seinen Brüdern und Schwestern gleich werden, um ein barmherziger und treuer Hoherpriester vor Gott zu sein und die Sünden des Volkes zu sühnen. Denn da er selbst auf die Probe gestellt wurde und gelitten hat, kann er denen helfen, die auf die Probe gestellt werden" (Hebräer 2, 17-18). Christus ist uns in allem gleich geworden, damit wir ihm gleich werden. So können sein Vertrauen, seine Demut und seine Geduld auch unser Vertrauen, unsere Demut und unsere Geduld werden.

Alle drei sind ein ungetrübtes Ja zu unserem Menschsein. Vertrauen: ich lebe nicht aus mir selbst, sondern von dem Wort, das mir zusagt, dass ich geliebt bin. Demut: ich brauche nicht zu allem fähig zu sein. Geduld: ich brauche nicht sofort am Ziel zu sein; was ich bin, wächst und reift in der Zeit, die Gott mir gibt.

Jesus schämte sich seiner menschlichen Zerbrechlichkeit nicht. Und so hat er uns einen Weg gebahnt, auf welchem wir in dem, was wir sind, gesegnet und geliebt sind. Unser Kampf des Glaubens geht nicht darum, über unser Menschsein hinauszuwachsen, sondern darum, am Vertrauen festzuhalten, dass Gott uns liebt, auch wenn wir schwach und hilflos sind. Gott allein anbeten heißt, was auch immer geschieht, von seiner Liebe zu leben.

DL 1098 — juillet 2009 — ISSN : 2101-731X — ISBN 9782850402869
Achevé d'imprimer en mai 2019 — B. 71 Print, 71000 Mâcon